PRÉCIS

DU PROCES

DE M. LE COMTE

DE MORANGIÉS,

CONTRE

LA FAMILLE VERRON.

PRÉCIS

DU PROCÈS

DE M. LE COMTE

DE MORANGIÉS,

CONTRE

LA FAMILLE VERRON.

LA Maiſon de Morangiés avait des dettes dont le Comte de Morangiés, Maréchal de Camp s'était chargé. Pour éteindre ces dettes, il voulut faire exploiter & vendre en détail une forêt dans le Gévaudan , laquelle a, dit-on, environ dix-mille arpens d'étendue,

& dont il pouvait difpofer par un accord
public avec les créanciers de fa maifon. Il
montre le plan de cette forêt figné d'un Ar-
penteur juré ; il préfente toutes les pieces né-
ceffaires ; mais un homme endetté ne pouvait
guères trouver de l'argent à Paris pour faire
couper une forêt dans le Gévaudan.

Il s'adreffe à une courtiere d'ufure. Cette
courtiere lui indique un jeune homme, nommé Dujonquai, que fes Avocats difent très-
bien né, petit fils d'une veuve opulente, ar-
rivé depuis un an de Province, ayant travaillé
quelques mois chez un Procureur, reçu Docteur ès loix par bénéfice d'âge, comme tant
de Magiftrats bien élevés, & prêt d'acheter
une charge de Confeiller de la Cour des
Aides, ou du Parlement, dans le tems où le
droit de juger les hommes fe vendait encore.

Après quelques pourparlers, le Maréchal
de Camp vient figner au jeune Magiftrat des
billets de trois-cent mille livres avec les
intérêts à fix pour cent. Ces billets à ordre
font faits dans un galetas où logeait ce prê-
teur, & où il y avait pour tous meubles trois

chaiſes de paille & une table de ſapin. L'emprunteur, en voyant cet ameublement, crut
être chez un jeune courtier d'agent de change.
Il affirme & jure qu'il n'a fait ces billets que
pour être négociés ſur la place, & qu'il n'en
a point reçu la valeur, qu'il ne devait la rece-
voir que quand l'affaire ſerait conſommée,
ſelon l'uſage établi dans toutes les Villes de
commerce.

Le jeune homme affirme & jure que c'eſt
l'or de Madame ſa grand'mere qu'il a donné ;
qu'il a porté cet or à pied en treize voyages
en un matin ; qu'il a fait environ cinq lieues
& demie à pied pour obliger M. le Comte,
quoiqu'il pût porter cet or dans un fiacre en
un ſeul voyage (*).

(*) On voit en effet au procès un écrit de M. le
Comte de Morangiés du 24 Septembre 1771, par
lequel de pluſieurs plans d'emprunts propoſés par Dujonquai (qu'il prenait pour un courtier,) il adopte
celui de 327000 liv. payables pour 300000 comptant.
Et promet de faire des billets de 327000 liv. y compris
l'uſure quand il recevra l'argent. Or, Dujonquai pré-
tend avoir donné cet argent le 23. Il eſt impoſſible

Il a fait faire ces billets au profit de la Dame Verron, sa grand'mere. Il n'y a pas d'apparence qu'un homme d'un âge mûr les eût signés, s'il n'en avait pas reçu la valeur. Mais il y a peut-être encore moins d'apparence que la grand'mere Verron, qui demeurait dans un galetas avec la Romain, mere de Dujonquai, & trois sœurs de Dujonquai, très-pauvrement vétues, & subsistant elle & toute sa famille, d'un très-petit fond qu'elle faisait valoir à usure, eût possédé la somme exorbitante de trois-cent-mille livres en or.

La famille prévient cette objection qu'on ne lui faisait pas encore, en disant que la veuve Verron, la grand'mere, avait reçu secrettement une grande partie de cet argent depuis plus de trente ans, par les mains d'un nommé Chotard qui était mort banqueroutier; que son mari, prétendu Banquier, avait donné secrettement cette somme à l'inconnu Chotard par un fidéi-commis secret. Lequel

que l'emprunteur ait promis le 24 de signer, sitôt qu'on lui apporterait un argent qu'il aurait reçu la veille.

l'avait fait valoir secrettement chez un Notaire; elle l'avait retirée secrettement de ce
Notaire qui était mort alors; elle l'avait por-
tée à Vitri secrettement au fond de la Champagne dans une charrette; elle y avait vendu
secrettement à des Juifs de beaux diamans,
dont le prix servit à completter les trois-cent-
mille livres; elle fit porter secrettement à
Paris ces trois-cent-mille livres en or dans
une autre charrette d'un voiturier qu'on ne
nomme pas (*), à un troisieme étage, rue
St. Jacques. Et moi, ajoutait Dujonquai, je
les ai portés secrettement à pied en treize
voyages à M. de Morangiés pour mériter sa
protection. J'ai pour témoins un Cocher de
mes amis qui est, comme moi, un très-bon
bretailleur, & un ancien Clerc de Procureur,
qui se faisait guérir dans ce tems-là même de
la vérole chez le Chirurgien Ménager; j'ai
pour témoins mes sœurs qui subsistent de leur

(*) Il est étrange que dans le cours de ce procès
on n'ait point songé à rechercher le fait de ce prétendu
Voiturier; tous les Voituriers sont connus, leurs
noms sont sur des registres; comment n'a-t-on fait
aucune enquête à Paris & à Vitri?

travail de couturieres & de brodeufes, & une prêteufe fur gages, qui a été renfermée à l'Hôpital.

Il demande au nom de Madame Verron & au fien, que la Juftice aille enfoncer toutes les portes chez le Comte de Morangiés & chez fon pere, Lieutenant – Général des armées du Roi, pour voir fi les cent-mille écus en or ne s'y trouveraient pas (*). La juftice n'y va point, & on ne fait pourquoi. Mais le

(*) Cette requête n'eft-elle pas un artifice par lequel on voulait fe ménager l'avantage de paraître au moins prévenir les plaintes de l'emprunteur? Il eft bien vraifemblable que, fi cet emprunteur avait reçu les cent-mille écus qu'il déniait, il les aurait mis à couvert, & aurait rendu très-inutiles les démarches de la famille Verron. Il n'eft pas moins probable que, fi l'emprunteur avait été de mauvaife foi, il n'avait nul befoin de nier la dette; il aurait dit à l'échéance : Arrangez-vous avec les Directeurs des créanciers ; & il aurait joui des cent-mille écus. S'il n'a pas pris un parti fi facile, c'eft une preuve affez forte qu'il n'avait rien touché.

Il n'y a qu'à lire attentivement les lettres du fieur Dujonquai mentionnées au procès, pour voir que cet homme n'avait point porté & donné cent-mille écus.

Comte de Morangiés demande au Magiſtrat
de la Police, qui a l'inſpection ſur les prêteurs
à uſure, qu'on approfondiſſe cette affaire.

Le Magiſtrat délegue le ſieur Dupuis, Inſ-
pecteur de Police, homme très-ſage & reconnu pour tel, qui ſe tranſporte accompagné
d'un autre Officier, nommé Deſbruguieres,
chez un Procureur, où l'on fait venir Dujonquai & ſa mere nommée Romain, fille de la
veuve Verron. La mere & le fils, interrogés,
avouent ſéparément qu'ils ont menti, & qu'ils
n'ont jamais donné cent-mille écus au Comte
de Morangiés. On les transfere alors chez un
Commiſſaire, ils ſignent leur délit l'un après
l'autre. Le fils dit à ſa mere : *Ma mere, je viens
de déclarer la vérité.* Elle lui répond : *Tu l'as
dite, mon fils : tu aurais bien fait de la dire
plutôt.* Le Commiſſaire, ſon Clerc, l'Inſpec-
teur Dupuis entendent cet aveu, & il eſt con-
ſigné au procès. Tout étant ainſi avéré, &
juridiquement ainſi conſtaté, on mene les
deux coupables au Fort-l'Evêque. Ils confir-
ment leur aveu dans la priſon (*).

(*) C'eſt ce que rapporte l'Avocat de M. le Comte

Dujonquai, dès le lendemain, écrit à un homme qui était son conseil, & qui était dépositaire des billets.

MONCIEUR,

» La malheureufe affaire ou je fuis plongé
» ma reduit ainfi que ma cher mère ès prifons
» du Fort l'Evêque, nous fumes arrêté yere
» par ordre du Roi. Si vous voulé nous fecon-
» dé pour nous en tirer, il faut que vous ayez
» la bonté de remettre au porteur les effets
» que je vous ait confié, lefquelles dits effets
» j'ay promire à Mr. Dupuy de lui faire pacer
» au plus tard à dix heures du matin, d'après
» la parolle que j'ai donné je vous cerai obligé
» de me mettre à même de la mettre à exécu-
» tion comme auffi je vous prie Moncieur de

de Morangiés dans fon dernier mémoire , intitulé *Supplément*. Si le fait eft vrai, comme il n'eft pas permis d'en douter, il eft démontré que les Dujonquai font coupables , & que le Comte de Morangiés eft innocent. Tout devait finir là : mille procédures, mille fentences ne peuvent affaiblir une démonftration.

» cecer toute poursuitte & aussitôt que nous
» aurons nôtre liberté nous aurons l'honneur
» de vous marquer nôtre reconnoissance au
» sujet de tous les soins que vous vous ête
» donné «.

J'ai l'honneur d'être

MONCIEUR,

Votre très-humble & très-
obéissant serviteur,
Dujonquai.

Ma chere mere a l'honneur de vous
assurer de ses respects.

Du Forlevesque, ce 1 octobre 1771.

Et dans une autre lettre du même jour.

MONSIEUR,

» Si vous pouvié être porteuse vous même
» de la réponse vous m'obligerié ainsi que
» ma cher mère.

Vôtre cerviteur, Dujonquai.

Ces lettres ne paraissent pas plus d'un
homme innocent, que le style & l'orthogra-
phe ne sont d'un homme qui allait être

inceſſamment Magiſtrat dans une Cour ſu-
périeure.

On croyait cette affaire entiérement ter-
minée, lorſqu'un Praticien habile engage la
famille à démentir ſes aveux & ſes ſignatures.
Dujonquai & ſa mere crient alors que Deſbruguieres les a battus chez le Procureur ;
qu'ils n'ont ſigné que par crainte chez le
Commiſſaire, & que le Comte de Morangiés
a corrompu toute la Police pour les opprimer.

Le Docteur ès loix Dujonquai, qui ne ſait
pas un mot de latin, ſoutient que c'eſt le
metus cadens in conſtantem virum, & qu'il eſt
conſtans vir. Je ne vous ai pas battus, répond
Deſbruguieres, je vous ai pouſſés ; je vous
ai ſéparés vous & votre mere, pour vous em-
pêcher de concerter enſemble vos réponſes.
J'étais convaincu, j'étais indigné de votre
fripponnerie. Vous nous avez pouſſés trop
rudement, vous avez fauſſé un de mes boutons, reprend Dujonquai ; & cela nous a
tellement troublés ma mere & moi, que nous
avons ſigné la vérité quatre heures après,
ne ſachant ce que nous faiſions.

Alors, tous les uſuriers de Paris, tous les

gens qui vivent d'intrigues, tous les escrocs,
fâchés depuis long-tems contre la Police,
font entendre leurs clameurs contre elle. Une
autre espece de gens se joint à eux. Jusqu'à
quand souffrira-t-on ce tribunal irrégulier
qui ne fut établi que par Louis XIV ? Aupa-
ravant nous volions impunément, on pouvait
s'enrichir, soit par l'usure, soit par le larcin;
Paris était un grand coupe-gorge, favorable
à l'industrie; il y avait un chef des voleurs
accrédité, qui faisait rendre les effets volés
aux propriétaires, moyennant une somme
convenue; tout était dans la regle. Aujour-
d'hui un tribunal inconnu à nos peres tient
des régistres funestes des préteurs sur gages,
& persécute les gens de bien. On ose fausser
les boutons d'un homme qui va acheter une
charge de Conseiller. Tous crient que la Noblesse n'est depuis quelques années qu'un
amas de petits tyrans, escrocs, insolens &
lâches, qui vexent les bons sujets du Roi
autant qu'ils servent mal l'État. On répand
par-tout que M. de Morangiés a voulu payer
ses créanciers en les faisant pendre. On le dit
dans les plaidoyers, on l'imprime dans les

mémoires, on parvient à le faire croire à la moitié de Paris. Un des Avocats qui ont voulu se signaler en écrivant contre lui, pousse l'indécence jusqu'à supputer les sommes que M. de Morangiés a dû donner à la Police.

Le Comte de Morangiés, son pere, Lieutenant-Général des armées du Roi, respectable vieillard, chéri & estimé généralement, ses freres qui jouissent du même avantage, toute sa famille, enfin, vend le peu de meubles qui lui reste pour soutenir ce procès affreux ; elle paie quelques dettes pressées, elle se réduit à la pauvreté la plus grande & la plus honorable. La cabale crie que c'est avec l'argent des Dujonquai qu'elle a fait ces dépenses ; & cette infâme imposture est répétée par des écumeurs du Barreau, & par des usuriers de Paris.

La Noblesse du Gévaudan écrit la lettre la plus forte en faveur du Comte de Morangiés ; c'est une lettre mendiée, c'est une conjuration contre le tiers-état.

Un Avocat célebre prend-il en main la défense de l'accusé sans espoir de rétribution, tous les caffés, tous les cabarets, tous les

lieux moins honnêtes retentissent des injures
qu'on lui prodigue ; c'est à la fois un impudent
& un lâche, c'est un espion de la Police ; on
veut le rendre exécrable, parce qu'il soutint,
il y a quelque tems, la cause d'un Officier-
Général qui avait battu & chassé des Anglais
descendus en France, & qui avait hasardé
son sang pour sauver la Patrie.

Cet Avocat a pour son frere & pour lui
une cuisiniere & un petit carrosse. Est-il une
preuve plus évidente qu'il a partagé les cent-
mille écus avec le Comte de Morangiés,
& que la police en a eu sa part? On le
poursuit par vingt libelles, on le déchire
encore plus qu'on n'insulte son client.

Dans cette prodigieuse effervescence, on
va jusqu'à soutenir que jamais la maison de
Morangiés n'a eu de forêt, qu'il ne lui reste
qu'un vieux tronc pourri sur un rocher du
Gévaudan. Toute la basse faction le répete,
& les gens qui veulent faire les entendus,
disent d'abord, & assez long-tems : M. de
Morangiés a tort, pourquoi a-t-il voulu
emprunter de l'argent sur une forêt qui
n'existe pas ? on ne croit rien de ce qui peut

lui être favorable ; mais on croit aveuglé-
ment aux cent-mille écus portés par Dujonquai, un matin, en treize voyages à pied,
l'espace de cinq lieues.

Un agioteur nommé Aubourg trouve ce
procès si bon qu'il l'achette. La veuve Verron,
grand'mere de Dujonquai, lui vend cet effet
avant de mourir, comme on vend des actions
sur la place. On lui fait ratifier cette vente
dans son testament, six heures avant sa mort,
& pour donner plus de poids à l'histoire
incompréhensible des trois-cent-mille livres,
on lui fait déclarer qu'elle avait eu deux-cent-
mille livres de plus, parce qu'abondance de
droit ne peut nuire. Ainsi cette veuve Verron, qui avait toujours vécu dans l'état le plus
médiocre, est morte riche de cinq-cent-mille
livres. C'était une espèce de miracle ; aussi
les Avocats n'ont pas manqué de faire voir
dans ce testament le doigt de Dieu qui a mul-
tiplié tout d'un coup les richesses du pauvre,
& qui a révélé sa gloire aux petits en la
cachant aux grands.

Aubourg poursuit le procès au baillage du
palais, auquel cette affaire est renvoyée en
premiere

premiere inſtance. Les témoins qui dépoſent en faveur de Mr. de Morangiés ſont mis au cachot. On met dans les fers le Chirurgien Ménager, pour avoir dit que le jour qu'il avait frotté de mercure le témoin Aubriot, & qu'il avait la tête enflée, & la langue pendante hors de la bouche, il n'avait pû ſe promener dans les rues, & y voir Dujonquai portant cent-mille écus au Comte de Morangiés. Enfin cet Officier-Général eſt traîné en priſon comme ſuborneur de ces témoins, & coupable d'un crime énorme.

Cependant on interroge tous ceux qui peuvent donner quelques éclairciſſemens ſur une affaire ſi extraordinaire. Les ſœurs de Dujonquai comparaiſſent. Le juge leur demande s'il n'eſt pas vrai que leur grand'mere avait beaucoup d'or, lorſqu'elle partit de Paris pour aller à la petite ville de Vitry, en Champagne, vers l'an 1760? Elles répondent qu'elle en avait prodigieuſement, mais qu'elles n'en ont jamais rien vu, ni rien ſçu.

N'avait-elle pas beaucoup de beaux diamans qu'elle vendit dans la ville de Vitry quarante-mille francs à des juifs, pour completter ces trois cent-mille livres?

Oui sans doute ; elle avait des épingles de diamans, qui n'étoient pas inventées alors.

N'avait-elle pas aussi de belles boucles d'oreilles, de beaux nœuds, de belles aigrettes, qui convenaient parfaitement à une femme d'environ quatre-vingts ans?

Oui, Monsieur, de belles aigrettes, de beaux brasselets à la nouvelle mode, répond l'une de ses sœurs. La femme Romain, fille de la veuve Verron, & mere de Dujonquai, répond au contraire que la veuve Verron, sa mere, n'avait rien de tout cela, & qu'elle ne croyait pas qu'elle eût jamais eu un diamant fin.

Cette même femme Romain, mere de Dujonquai, interrogée si les richesses secretes de la veuve Verron ne venaient pas d'un fidei-commis secret de son mari, & de la générosité secrette d'un banqueroutier nommé Chotard, répond que non, que rien n'est plus faux.

Mais, Madame, vos Avocats ont plaidé, ont imprimé cette anecdote. Ils ont eu tort, replique-t-elle.

Le juge demande à Dujonquai s'il n'y avait pas cent-mille écus en or à son troisieme étage dans l'armoire à linge de la veuve Verron, sa grand'mere? Oui, Monsieur; & c'est ma mere Romain qui m'en a donné la clef pour porter ces cent-mille écus secrettement en treize voyages à pied chez Mr. de Morangiés. (*)

La mere Romain répond que cela n'est pas vrai, que son fils Dujonquai a pris la clef des mains de la Verron, sa grand'-mere.

Après toutes ces contradictions, on interroge les témoins qui ont été emprisonnés comme subornés par Mr. de Morangiés;

[*] Si toutes ces contradictions, rapportées par l'avocat de Mr. de Morangiés, ne sont pas une preuve évidente du complot le plus absurde & le plus ridicule qu'on ait jamais formé, il faut vivre désormais dans un scepticisme imbécile. Il n'y a plus de caractere de vérité sur la terre : il n'y a plus de juste & d'injuste.

on ne trouve pas malheureusement le plus
léger indice de subornation, de séduction.

Enfin, on prononce la sentence. Cette
sentence déclare d'abord que Mr. de Morangiés, mis en prison pour avoir suborné des
témoins, en est parfaitement innocent, &
qu'en conséquence il paiera aux Dujonquai
trois-cent-mille livres, qui font le fond de
l'affaire, avec les intérêts; plus, vingt mille
livres de dépens; plus, trois-mille au cocher
qui a déposé contre lui; plus, quinze-cents
livres solidairement avec les officiers de police; [*] le tout sans dire un mot de l'usure

[*] Parmi ces Officiers de Police se trouve l'Inf-
pecteur Dupuis, étranger d'abord à toute cette affaire,
& qui n'y est entré que pour exécuter les ordres à lui
données au nom du Roi. On sait que ces ordres
autrefois surpris sous quelques autres ministeres,
ont pu indisposer le public, & effaroucher la liberté
naturelle. Mais cet Inspecteur a donné un mémoire
simple & vrai, si bien raisonné, si clair; il releve
avec tant de netteté toutes les contradictions absur-
des des défenseurs de Dujonquai, que jamais la
vérité n'a été plus évidente. Il faut un peu d'attention
pour saisir cette vérité. Elle est claire comme un trait

stipulée par Dujonquai, & puniſſable par les loix.

Et comme le juge reconnaît avoir empri-ſonné injuſtement Mr. de Morangiés, il le condamne à garder priſon ; en outre, à être admoneſté & à l'aumône, pour avoir oſé nier qu'un homme tout prêt d'être reçu Con-ſeiller de la Cour des aides ou du Parlement, lui ait apporté trois-cent-mille livres en treize voyages, & ait fait cinq lieues à pied en un matin, tandis qu'il pouvait porter cet or prétendu dans un fiacre, en un quart-d'heure. Ce n'eſt pas tout; une pauvre fille qui avait ſervi de faux témoin contre Mr. de Moran-giés, ſe rétracte, elle avoue ſon crime. Son pere avoue le crime de ſa fille, tous deux en demandent pardon à Dieu & à la juſtice. On ne les écoute pas. Ils ont demandé pardon à Dieu trop tard. On les condamne au ban-niſſement, non pas pour avoir fait un faux ſerment en juſtice, non pas pour avoir ca-

de lumiere au milieu des ténèbres : mais il faut avoir de bons yeux. Ce ne ſont pas ſeulement de fortes probabilités ; ce ſont des démonſtrations.

lomnié l'innocent, mais pour s'être repentis mal-à-propos.

Il faut avouer que, si ce jugement d'un bailli subsiste, si Mr. de Morangiés est coupable, s'il a reçu en effet cent-mille écus des mains du docteur ès-loix Dujonquai, tout le monde doit dire avec un grand auteur très-sensé:

Le vrai peut quelquefois n'être pas vraisemblable.

Tout Paris aujourd'hui, toute la France s'éleve contre cette sentence. On croit Mr. de Morangiés innocent; on le plaint autant qu'on s'étoit déchaîné contre lui; toutes les opinions ont changé: tel est le petit & le grand vulgaire, tels sont les hommes: ils ont vérifié ce qu'avait dit un écrivain impartial, que M. de Morangiés pouvait perdre son procès sans perdre son honneur.

Ce qu'on peut conclure de cette affaire, jusqu'à présent, c'est que rien n'est plus dangereux souvent pour les Officiers du Roi, que des négociations au troisième étage.

Celui qui a réclamé avec la hardiesse la plus

Intrépide contre cette fentence, eft l'avocat
du condamné. Il trouve dans ce jugement
une foule de contradictions palpables, &
d'obfcurités qu'il veut mettre au grand jour.
Les oracles de la juftice ne doivent être en
effet jamais fufceptibles, ni de la moindre
obfcurité, ni de la contradiction la plus lé-
gère. Cela n'appartenait autrefois qu'à des
oracles d'un autre genre.

Le zèle & l'indignation de cet avocat l'ont
emporté jufqu'à dire que les juges n'ont écouté
ni la raifon, ni la juftice ; qu'il fe croit dans
une forêt infectée par des monftres, & qu'il
les prend à partie.

Les fept gradués qui ont jugé cette affaire en
première inftance, difent qu'ils en favent autant que cet avocat qui répand fur eux tant de
mépris & qui leur fait tant de reproches, que,
n'ayant nul intérêt à l'affaire, ils ont jugé
fuivant leur confcience & leurs lumières. Voilà
donc un nouveau procès entre cet avocat &
ces fept juges.

Les hommes impartiaux & judicieux difent : ne prévenons point la décifion du Parlement ; ne nous hâtons point de prononcer

ur une caufe fi compliquée, dont nous n'avons
peut-être que des connoiffances fuperficielles,
puifque nous n'avons pas vu toutes les pièces
fecrettes, non plus que les avocats (*). Le
Parlement ne jugera qu'avec bien de la peine
fur des connaiffances approfondies. Les magiftrats du Parlement font les interprètes des
loix , dont un tribunal inférieur doit être ,
dit-on , l'efclave. Il n'appartient qu'à eux de
décider entre l'efprit & la lettre. La balance
de Thémis n'a été inventée que pour pefer
les probabilités.

Les nations qui nous ont tout appris , pu-
blièrent autrefois que Thémis était fille de
Dieu ; mais que la fille n'avait pas les yeux du
père ; qu'il voyait tout clairement & qu'elle
ne voyait qu'à travers fon bandeau ; qu'il
connaiffait , & qu'elle devinait. Thémis, felon
cette mythologie fublime , remit fa balance

(*) Et pourquoi les pièces font - elles fecrettes,
quand les fentences font publiques ? Pourquoi dans
Rome, dont nous tenons prefque toute notre jurifpru-
dence, tous les procès criminels étaient-ils expofés au
grand jour , tandis que parmi nous ils fe pourfuivent
dans l'obfcurité ?

& son glaive entre les mains de vieillards
sans passions, sans intérêt, sans vice, (non
pas sans défauts) exercés dans l'art de sonder
les cœurs, & de démêler les plus grandes
vraisemblances & les moindres. Retirés de la
foule, ils ne se montraient aux hommes que
pour appaiser leurs misérables différends, &
pour réprimer leurs injustices; ils s'aidaient
mutuellement de leurs lumières que la pureté
de leurs intentions rendait encore plus pures.
La vérité était le seul trésor qu'ils cherchaient
sans cesse ; & avec tout cela ils se trompaient
souvent, parce qu'ils étaient hommes, & que
Dieu seul est infaillible.

Ce qui pouvait les induire en erreur, ce
n'était pas seulement la mauvaise foi des plai-
deurs ; c'était sur-tout l'artifice des avocats.
Autant les juges employaient de lumières à
découvrir la vérité, autant les clients assem-
blaient de nuages pour l'obscurcir. Ils se fe-
saient un mérite, un honneur, un devoir
d'égarer les juges pour servir les accusés ; de-
là est venue enfin la défiance que les ministres
de la justice ont aujourd'hui de l'éloquence,
ou plutôt de ces fleurs de réthorique qui

confiſtent dans l'exagération des plus minces
objets, & dans la réticence des faits les plus
graves ; dans l'art de tirer des conſéquences
qui ne ſont pas renfermées dans le principe,
& d'éluder celles qui ſe préſentent d'elles-
mêmes ; dans l'art encore plus adroit d'allé-
guer des exemples qui paroiſſent ſemblables &
qui ne le ſont pas ; dans l'affectation de citer
des loix, ou de les mal appliquer, ou de les
corrompre ; en un mot, dans l'art de ſéduire.
La plupart des magiſtrats, dégoûtés de ces
plaidoyers inſidieux ne ſe donnent plus la
peine de les lire ; & c'eſt encore un malheur.
Car dans la foule de tant de raiſons apparen-
tes, d'objections bien ou mal faites & bien
ou mal répondues ; dans ces labyrinthes de
difficultés, on peut trouver encore un ſentier
qui conduiſe au vrai.

Le Parlement trouvera-t-il quelque vrai-
ſemblance dans la fable des cent-mille écus ?
Les billets de Mr. de Morangiés l'emporte-
ront-ils ſur l'abſurdité de cette fable ? Y a-t-il
des cas où des billets à ordre valeur reçue,
doivent être déclarés nuls ? Et l'eſpèce pré-
ſente eſt-elle un de ces cas ? Les témoins qui

ont déposé une chose très-probable en faveur
de Mr. de Morangiés détruiront-ils le témoi-
gnage de ceux qui ont déposé une chose très-
improbable en faveur de Dujonquai ? Ecou-
tera-t-on la rétractation d'un faux témoin
qui ne s'est repenti qu'après la confronta-
tion ?

Les attentions paternelles du magiſtrat de
la Police à réprimer l'uſure & la fripponnerie
ſeraient-elles réputées illégales ? Et l'aveu,
cinq fois répété, d'un délit évident ſera-t-il
compté pour rien, parce que celui qui a ar-
raché cet aveu des coupables, n'a pas été aſſez
inſtruit des règles, & s'eſt laiſſé emporter à
ſon zèle ?

Un procès acheté par un inconnu & pour-
ſuivi par cet inconnu, aura-t-il auprès des juges
la même prépondérance qu'aurait le procès
d'une famille reſpectable jouiſſante d'une re-
nommée ſans tache?

Se pourrait-il qu'une foule de probabilités
preſque équivalente à la démonſtration fût
anéantie par des billets dont il eſt évident
que la valeur n'a jamais été comptée ?

Qu'on mette d'un côté dans la balance les

subtilités, les subterfuges d'une cabale auffi obfcure qu'acharnée, & de l'autre l'opinion de celui qui eft en France le premier juge de l'honneur ; ce premier juge a fenti qu'il était impoffible que le Comte de Morangiés eût jamais reçu l'argent qu'on lui demande. Qui l'emportera de ce juge facré ou de la cabale ?

Enfin Mr. de Morangiés reconnu aujourd'hui innocent par toute la cour, par tous les hommes éclairés dont Paris abonde, par toutes les provinces , par tous les Officiers de l'armée, fera-t-il déclaré coupable par les formes ?

Attendons refpectueufement l'arrêt d'un Parlement dont tous les jugemens ont eu jufqu'ici les fuffrages de la France entière.

L'Auteur de ce Précis s'eft trompé en parlant des Reconnaiffances, elles font dans la forme fuivante.

Emprunt de 300000 livres à 6 pour cent.

Première année.	Dans six mois,	9000 liv.	intérêts.
	Six mois après,	9000	intérêts.
Seconde année.	Six mois après,	9000	intérêts.
	Six mois après,	9000	intérêts.
Troisiè-me année.	Six mois après,	9000	intérêts,
	Six mois après,	109000	intér. & tiers du capit.
Quatriè-me année.	Six mois après,	6000	int. réduits d'un tiers.
	Six mois après,	106000	int. & 2e tiers du cap.
Cinquiè-me & der-nière an.	Six mois après,	3000	int. réduits des 2 tiers.
	Six mois après,	103000	dernier remboursem.

Total   372000 liv.

<table>
<tr><td>L'énoncé ci-contre est à peu près le même que dans la pie-ce origina-le, car on la transcrit de mémoire.</td><td>Je soussigné promets remettre mes Billets à ordre des sommes & des échéances ci-dessus, quand la somme de trois-cents-mille livres, me sera réellement complettée par les Prêteurs en especes sonnantes, le surplus de la somme ci-dessus étans pour les intérêts à six pour cent, amiablement convenus, & que j'accepte par le présent écrit. A Paris le vingt-quatrième Septembre 1771. Ecrit de la main du Se-crétaire du Comte de Morangiés, & signé de la sienne.</td></tr>
</table>

Cette fameuse piece a été remise par le Comte de Morangiés lui-même.

L'opération des Billets qui sont l'objet du

Procès, ne présente que 327000 livres en somme, quatre Billets & deux années d'échéance; certainement le Tableau ci-dessus ne saurait être adaptée à la circonstance présente, sans abuser monstrueusement de la vérité, de la raison, & de toute vrai-semblance.

FIN.